GERHARD HADERER

Das Leben des Jesus

UEBERREUTER

Im Jahre Null, in einer dieser finsteren Dezembernächte, zogen drei weise, bunt gekleidete Männer auf ihren Kamelen durch das Land.
»Warum ziehen wir hier eigentlich Nacht für Nacht in diesem Land herum?«, fragte der eine.

»Wir sind auf der Suche nach dem Messias«, sagten die zwei anderen.
»Ach ja, genau, deshalb tragen wir ja auch Weihrauch und Myrrhe mit uns, um sie dem Kinde als Geschenk darzubringen.«
Und so zogen sie weiter.

Da hörten die drei Kamele plötzlich einen hellen, aber kräftigen Ton, so laut, dass eines davon scheu wurde und sein Reiter sich nicht mehr halten konnte. »O nein, welch ein Unglück!«, sagte der und griff sich an die Backe, »ich habe mir meine vier teuren Goldtfähne aufgebiffen!«
Eiligen Schrittes gingen die drei Herren zur nächstbesten Tür, um dort erste Hilfe zu erbitten, Salbei etwa, Nelkenöl oder auch Schnaps, zur Linderung des Schmerzes. Als sie in die ärmliche Hütte traten, fanden sie dort nicht nur Ochs und Esel,

sondern auch eine Frau und einen Mann vor und ein frisch geborenes Kind,
noch ganz feucht und ganz runzelig, das gar herzerweichend weinte.
»Kann euer Kind nicht kurtf ruhig fein, ich brauch nämlich Hilfe«, schrie der weise
Mann und der Vater fragte freundlich: »Habt Ihr was gesagt, Fremder?
Ich kann leider kein Wort verstehen, weil mein Kindlein so brüllt!«
So erkannten die drei Weisen, dass eine Unterhaltung unmöglich war, ließen
Goldzähne, Weihrauch und Myrrhe zurück und suchten hurtig das Weite.

Gold und Myrrhe waren dem kleinen Kind in der Krippe ziemlich egal, am berauschenden Duft des Weihrauchs jedoch fand es großen Gefallen. Und siehe: je mehr es daran schnupperte, umso mehr begann es zu strahlen. Bald hörte es auf zu schreien und sein Stimmchen bekam etwas Sanftes. Es fing sogar an zu brabbeln und zu plaudern, und je mehr das Kind brabbelte und plauderte, desto heller begann sein Köpfchen zu leuchten.
»Wunderbar!«, sagte seine Mutter nach einer Weile, »jetzt haben wir sogar Myrrhe, damit können wir Kuchen und Suppe fein würzen.«

Und die Menschen liefen aus ihren Häusern und die Hirten strömten herbei und alle lachten und freuten sich und riefen: »Ein Wunder, ein Wunder!«, denn immerhin war es, wie gesagt, Ende Dezember und taghell mitten in der Nacht.

Das Kind aber wurde langsam müde, sein Geplauder wurde leiser und leiser, sein Strahlen und Leuchten ließ nach, und als es wieder finster war, nahm es noch einen tiefen Zug Weihrauch und schlief dann friedlich ein.

Jesu Vater war von Beruf Zimmermann. Die vier Goldzähne hatte er noch am nächsten Morgen verkauft und von dem Erlös konnte er sich eine sehr schöne Werkstatt einrichten. Darin zimmerte er Tische, Stühle und Bänke bis tief in die Nacht hinein. Und weil sein kleiner Sohn ein gelehriger Bursche war, half der ihm, so gut er konnte. Bei Tag durfte er Tischbeine und Kanten schleifen und am Abend, wenn es dunkel wurde, setzte er sich in eine Ecke der Werkstatt.
»Komm, o Jesus«, sagte sein Vater, »nimm eine Prise vom Weihrauch und erzähl mir irgendwas, wenn geht sehr, sehr ausführlich.«
Und so tat das Jesuskind, wie ihm geheißen, es redete und redete in einem fort und dabei strahlte es so sehr, dass die Werkstätte bis in den letzten Winkel hinein von hellem Licht durchflutet war und der Vater bis Tagesanbruch sauber und genau arbeiten konnte.

Das war eine recht unbeschwerte Zeit für den kleinen Heiland. Nicht nur Vater und Mutter waren sehr angetan von ihm, auch ein kleiner Bub aus der Nachbarschaft. Denn während alle anderen Kinder in der Gasse bei einbrechender Dunkelheit nicht mehr weiterspielen konnten, war Tempelhüpfen mit Jesus auch im Stockfinsteren noch möglich. Kein Wunder also, dass der Kreis seiner Freunde bald größer und größer wurde.
Und so kam es eines Tages, dass Jesus vor sie hintrat und sprach:

»Wir sind jetzt eine Hand voll und euch scheint, dass es gut sei. Ich aber sage euch: Fünf Freunde sind zu wenig, ihr solltet zumindest zehn oder elf sein. Elf plus ein Ersatzmann, also zwölf insgesamt.«
Und er strahlte außergewöhnlich, als er so sprach, und seine Jünger verstanden.
»O ja«, riefen sie freudig, »und von jedem Neuen könnten wir einen Silberling als Startgeld verlangen!«
Also schwärmten sie aus und luden noch sieben ein, ihnen zu folgen.

Es begab sich zu jener Zeit, dass unendlich große Trauer herrschte am Hofe eines sehr reichen Mannes. »Unsere Tochter ist ach so krank«, klagte er, »sie hat ihre Stirn sich schon mehrmals an der Kante des Türstocks gestoßen und ihren kleinen Zeh bricht sie sich fast täglich am Bein des Tisches, das arme Kind ist nicht mehr zu retten.«

Und da er so weinte, kamen Jesus und seine Jünger des Weges.
»Sei getröstet, guter Mann«, sprach Jesus und nahm sein Näschen voll Weihrauch.
Dann ging er ins Haus, trat an das Mädchen heran und sagte: »Steh auf, nimm dein Bett und geh!«
Da war das Kind sichtlich erstaunt, aber auch beeindruckt von dem strahlenden Leuchten in seinem Zimmer. Es nahm sein Bett, ging mehrere Runden um den Tisch herum und schlussendlich sprang es vergnügt, ohne auch nur irgendwo anzustoßen, elegant eine kleine Pirouette.

Der reiche Mann war überglücklich. »Ihr habt unsere Tochter geheilt!«, rief er voll Freude. »Zum Dank dafür gebe ich euch ein Dutzend Silberlinge!«
Doch die Jünger des Herrn zeigten mit ihren Fingern auf Jesus. So bekamen sie zwei Dutzend. Und dies war erst der Anfang.

Als sich nämlich die Kunde von der Wundertat des Heilands im Lande herumgesprochen hatte, strömten immer mehr Menschen herbei, um sich bestrahlen zu lassen und seinen Reden zu lauschen. Bald reihte sich Wunder an Wunder. Wenn seine Jünger beispielsweise am Strande saßen und der Wind günstig war, vollbrachte Jesus einen Scherz. Er nahm einen tiefen Zug Weihrauch, ein Stück flaches Treibholz und ging damit über das Wasser.

So führte sie ihr Weg auch an den Hof eines alten Schneiders, der sehr traurig in seinen prunkvollen Gemächern saß, weil er nur mehr ganz wenig sehen konnte.
»Unser Meister erblindet!«, sagten seine Näherinnen und Näher und dabei weinten sie bitterlich.
Jesus aber suchte den Meister in seiner Kammer auf, nahm ihm seine dämliche Brille ab und geleitete ihn ins Freie.
Da rief der Schneider:
»Ich kann wieder sehen!«, und sein Hofstab jubelte:
»Ein Wunder ist geschehen!«
Und voll des Dankes versprachen sie, für die Jünger eine prächtige Mütze anzufertigen, mit echten Perlen bestickt, mit Silber, Gold und Edelsteinen.
»Nicht bloß eine«, sagten die Jünger.
Jesus aber zog weiter und mehr und mehr Menschen folgten seinem Weg. Bald schon konnte kein Saal die Massen mehr fassen und so zog Jesus von nun an Veranstaltungen an freier Luft vor.
Da hörte der Heiland eines Abends ein seltsames Raunen und Murren in seinem Gefolge.

Das Volk war nach dem langen Marsch hungrig geworden und neunhundert Frauen und Männer begannen sich um einen einzigen Fisch zu streiten.
»Wir waren etwas zu knausrig, o Herr, wir haben zu wenig Fisch eingekauft. Was sollen wir jetzt tun?«, fragten die Jünger angesichts der Unruhe, die sich mittlerweile breit gemacht hatte. Und Jesus zog kurz, aber kräftig am Weihrauch, trat vor die Menge und sprach: »Der Friede sei mit euch!«
»Wir pfeifen auf deinen Frieden, der Fisch sei mit uns, denn wir sind hungrig, o Herr!«, riefen die neunhundert.
Da ging Jesus an den Strand und setzte sich auf einen Felsen um nachzudenken.

Weit draußen auf offener See trieb ein Fischerboot mit schwerwiegender Ladung im Nebel. »Wenn das so weitergeht, kommen wir niemals ans Ufer«, maulten die Seeleute, »wir haben viel zu viel Fisch geladen, Kabeljau, Stör, Hecht, Forelle und Saibling in Massen, wie sollen wir mit dieser bleiernen Ladung jemals an Land …«
»Ein Leuchtturm! Ein Leuchtturm in Sicht!«, rief plötzlich einer.

Der Kapitän aber zweifelte. »Das kann doch nicht sein! Unmöglich, dass in dieser gottverlassenen Gegend voll Untiefen ein Leucht…«
»Doch, doch, Leuchtturm Backbord voraus!«
Und voll Freude über den nahen Hafen ließen die Männer den Käptn Käptn sein, stimmten mehrere Seemannslieder an und donnerten auf das Ufer zu.

»Ein Wunder, ein Wunder, unglaublich, schon wieder ein Wunder!«, erscholl es da aus neunhundert vollen Mündern und sie gingen daran, die Fische zu grillen, sie aßen und aßen, bis keiner mehr konnte, und rülpsten hernach und hörten nicht auf, ihren Herrn und Meister zu preisen.
Die Jünger aber waren dieses Mal gnädig: Sie kassierten nicht vier, sondern nur drei Silberlinge pro Fisch.
Diese Art von Veranstaltung gefiel den Menschen sehr. Noch mehr jedoch gefiel sie einigen Jüngern des Herrn, weil sie dadurch immer reicher und wohlhabender wurden.
Und als Jesus schließlich auch noch begann Wasser in Wein zu verwandeln, gründeten sie flugs eine Weinkellerei und ließen sich von den besten Architekten und Baumeistern des Landes prachtvolle Gebäude dafür errichten.

In einem dieser Bauwerke gab es einen wunderbaren Prunksaal und die Jünger beauftragten den begabtesten Koch des Landes, ein Abendmahl für sie auszurichten. Es wurden die allerfeinsten und teuersten Köstlichkeiten herbeigeschafft, sogar – und das knapp nach dem Winter – frische Him- und Preiselbeeren aus einem fernen Land in den Bergen.

Jesus jedoch nahm nicht teil an dem großen Verzehr. Seine Jünger hatten ihn an die Mitte der Tafel gesetzt, wo ein mächtiges Gerät bereitstand, das in einem fort Weihrauch verströmte. So saß der Heiland glücklich im Nebel und er strahlte sehr und hielt eine bedeutende Rede und verwandelte immerzu das Wasser in den Kelchen seiner Jünger zu Wein.

Als der Morgen zu dämmern begann, kam auch der Wirt mit der Rechnung. Doch auch das stimmte die Jünger keineswegs nachdenklich, o nein, es schien sie vielmehr zu amüsieren. »Höre, Gutester«, sagten sie. »Wir schlagen dir jetzn Geschäft vor, vonnem du noch deinen Kinneskindern erzähln wirst.«

Und so ließen sie den Wirt all seine Gebinde heranbringen, randvoll mit Wasser gefüllt, dann traten die Jünger wankenden Schrittes an Jesus heran und flüsterten ihm etwas Geheimnisvolles ins Ohr.
»Es sei«, sprach der Herr.

Als der Wirt den ersten Schluck verkostet hatte, konnte er sein Glück kaum in Worte fassen. Wieder und wieder hob er eine Probe aus einem der Fässer und war voll der Anerkennung und des Lobes. »Unglaublich«, meinte er schließlich, »das is ja elster Wein, vonner Gediegenheit und vonna Reife, großatich. Erlaubts mir, ihr Herren, dass ich euch aus Dankesgründen quasi noch einen Sack Silbalinge draufgewe.« Und als er das Zeichen des Herrn sah, legte er den Jüngern nicht einen, sondern zwei Säcke Silberlinge auf den Tisch.

»Ihr werdet zusehends reicher und wohlhabender«, sagte Jesus zu seinen Getreuen, »und ihr findet das gut so. Ich aber sage euch, eure Geschäfte ermüden mich sehr.« Als er dies sagte, legte er sein schlichtes Gewand ab und begab sich in den Schatten eines Ölbaumes um sich auszuruhen.
Seine Jünger jedoch taten so, als ob sie kein Wort verstanden hätten.

Und bis zum Abend des nächsten Tages schlief Jesus, während die Jünger an seiner Seite wachten. »Seht nur, wie friedlich der Heiland darnieder liegt, er sieht außergewöhnlich gut aus in dieser Stellung. Ich glaube, ich habe eine Idee«, sagte einer und er ließ die besten Bildhauer, Wachszieher und Schnitzer rufen, den schlafenden Meister in dieser wundervollen Stellung abzubilden.

»Siehe, o Herr«, frohlockten seine Jünger, als dieser aus dem Schlafe erwacht war, »wir haben dich verkleinert und in verschiedenen Materialien verewigt. In Holz gehauen, in Bronze, in Silber und Gold gegossen, sogar in Wachs haben wir dich gezogen, auf dass die Gläubigen in aller Welt dich als Briefbeschwerer benützen können oder mit dir in Gestalt einer Kerze ihre dunklen Kammern beleuch…«
»Nicht mit mir!«, sagte Jesus, als er von seinem Lager auferstanden war. Er nahm mehrere kräftige Züge vom Weihrauch, hob ab und fuhr auf in den Himmel.

Dort sitzt er jetzt auf seiner Wolke, umgeben von wunderschönen Engeln, und sie frohlocken und singen ihre Gesänge.
»Ich weiß nicht, ob Sie informiert sind, mein Herr«, hat einer erst unlängst zum Heiland gesagt, »diese Wolke ist Weihrauch pur. Deshalb riecht es hier auch so eigenartig.«

»Es ist gut so«, sprach Jesus und er lächelte sanft.

Übrigens: Weihrauch enthält – wie Haschisch – den Wirkstoff Tetrahydrocannabinol (THC).

Die Deutsche Bibliothek – CIP-Einheitsaufnahme

Haderer, Gerhard:
Das Leben des Jesus / Gerhard Haderer. - Wien : Ueberreuter, 2002
ISBN 3-8000-3863-3

Leinenausgabe: ISBN 3-8000-3865-X
Luxusausgabe: ISBN 3-8000-3866-8

Alle Urheberrechte, insbesondere das Recht der Vervielfältigung,
Verbreitung und öffentlichen Wiedergabe in jeder Form,
einschließlich einer Verwertung in elektronischen Medien, der reprografischen Vervielfältigung,
einer digitalen Verbreitung und der Aufnahme in Datenbanken, ausdrücklich vorbehalten.
Copyright © 2002 by Verlag Carl Ueberreuter, Wien
Druck: Druckerei Theiss GmbH, A-9400 Wolfsberg
1 3 5 7 6 4 2

Ueberreuter im Internet: www.ueberreuter.de
Jesus im Internet: www.das-leben-des-jesus.at